Möge der *Engel* der *Hoffnung* dich begleiten

benno

Engelsschritte

Bedenke, dass du auch
auf dem einsamsten deiner Wege
nie allein bist.
Wenn du an Gott denkst,
lauschst und aufmerksam gehst,
hörst du den Schritt deines Engels.

Irischer Segenswunsch

Dein Schutzengel ist bei dir

Wenn alle Türen geschlossen
und die Fenster verdunkelt sind,
darfst du nicht glauben, allein zu sein.
Denn Gott ist bei dir
und dein Schutzengel.
Und weshalb sollten sie Licht brauchen,
um zu sehen, was du tust?

Epiktet

Möge Gott

sich bei mir niederlegen

Ich lege mich nieder mit Gott,
möge Gott sich bei mir niederlegen.
Die rechte Hand Gottes
sei unter meinem Kopf.
Die Hände der Engel
mögen mich umfangen.
Das Kreuz der
neun strahlenden Engel
behüte mich vom
Scheitel bis zur Sohle.

Irisches Segensgebet

Engelssegen

Der Engel Gottes sei vor dir,
um dir den rechten Weg zu zeigen.

Der Engel Gottes sei neben dir,
um dich in die Arme zu schließen
und dich zu schützen.

Der Engel Gottes sei hinter dir,
um dich zu bewahren
vor der Heimtücke böser Menschen.

Der Engel Gottes sei unter dir,
um dich aufzufangen, wenn du fällst,
und dich aus der Schlinge zu ziehen.

Der Engel Gottes sei in dir,
um dich zu trösten,
wenn du traurig bist.

Irischer Segenswunsch

Von *Engeln* behütet

Jedem, der an den Herrn glaubt,
steht ein Engel zur Seite,
wenn wir ihn nicht durch
unsere bösen Werke vertreiben.
Der Engel behütet dich
von allen Seiten
und lässt nichts unbeschützt.

Basilius der Große

Flügel

Wir sind in der Tat eine Art Engel,
der keine Flügel mehr hat;
aber wir erinnern uns daran,
dass wir sie einmal hatten,
und wenn wir daran glauben,
sie wiederzubekommen,
dann werden wir
von der Hoffnung verwandelt.

Johannes Paul I.

An deiner *Seite*

Im festen Glauben,
immer einen treuen, unsichtbaren
Begleiter an deiner Seite zu haben,
wirst du deine Hoffnung nie verlieren.

Mathilde von der Au

Bibliografische Information der Deutschen Nationalbibliothek
Die Deutsche Nationalbibliothek verzeichnet diese Publikation
in der Deutschen Nationalbibliografie; detaillierte bibliografische Daten
sind im Internet über http://dnb.d-nb.de abrufbar.

Fotonachweis:
Cover und Illustrationen, innen: © Uwe Barghaan
U2/Seite 1, Seite 16/U3: © Tjall – Fotolia.de
Seite 2: © Jaroslaw Grudzinski – Fotolia.de
Seite 5: © Traci Law – Fotolia.de
Seite 6: © red2000 – Fotolia.de
Seite 8/9: © Marc AZEMA – Fotolia.de
Seite 11: © Franz Metelec – Fotolia.de
Seite 12: © Ben Heys – Fotolia.de
Seite 15: © Galyna Andrushko – Fotolia.de

Besuchen Sie uns im Internet:
www.st-benno.de

ISBN 978-3-7462-3415-1

© St. Benno-Verlag GmbH
    Stammerstr. 11, 04159 Leipzig
Gesamtherstellung: Arnold & Domnick, Leipzig (B)